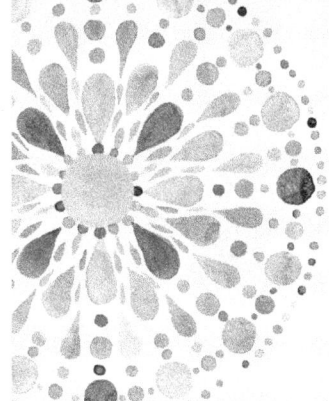

Uma coleção de imagens
para alívio do e

Mandalas de Borboletas

LIVRO DE COLORIR
PARA ADULTOS

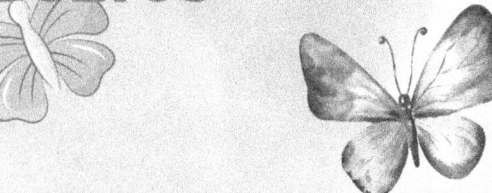
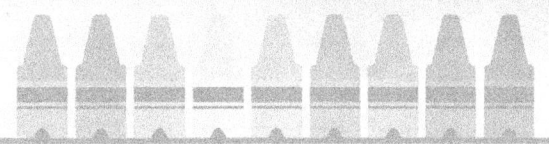

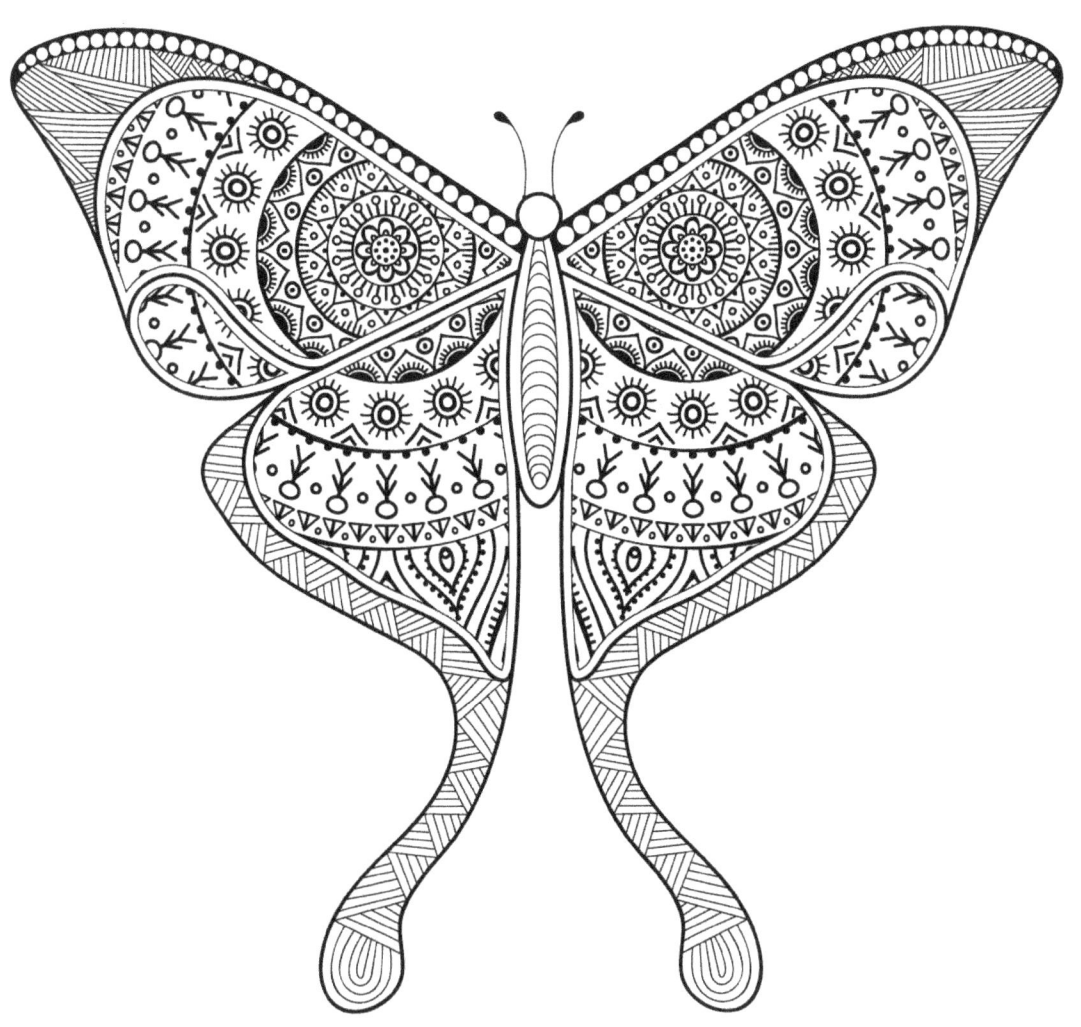

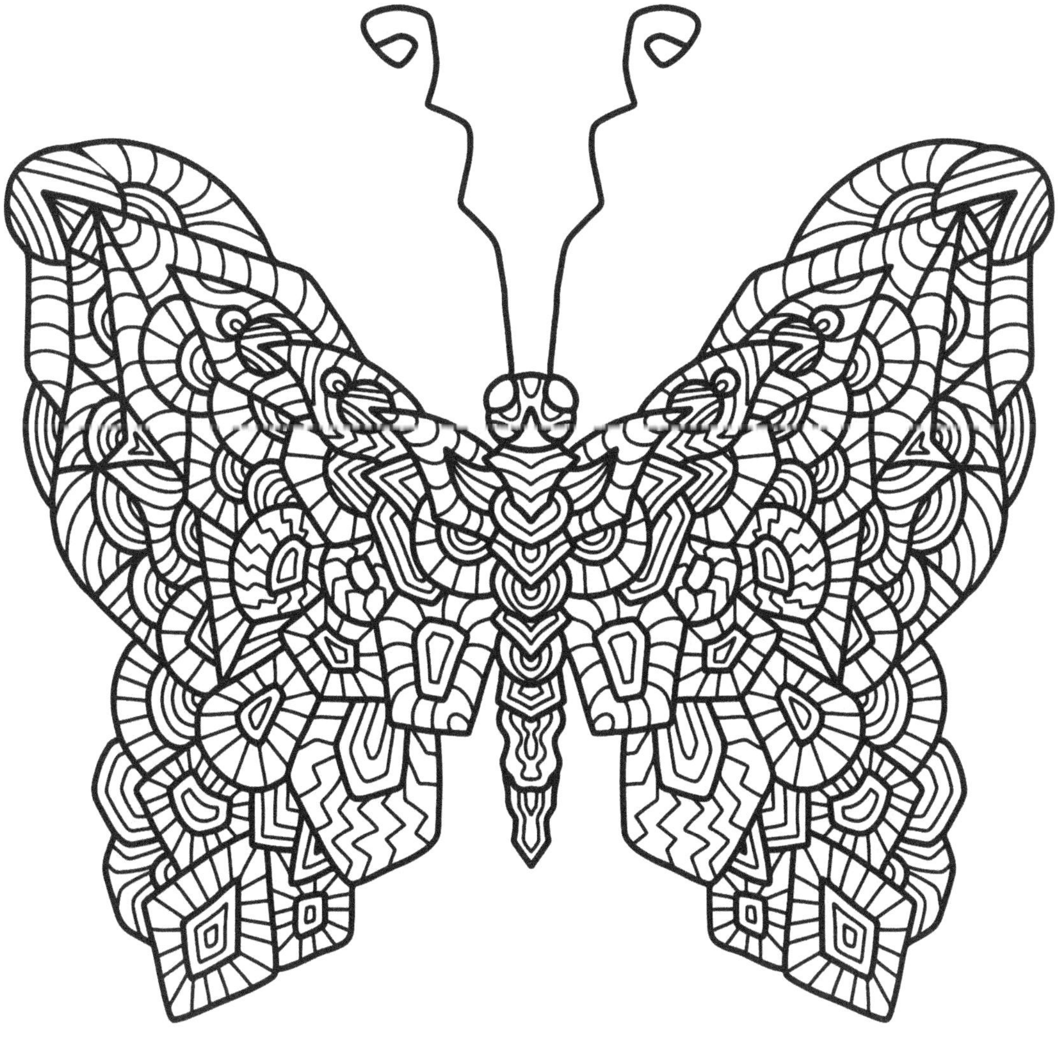

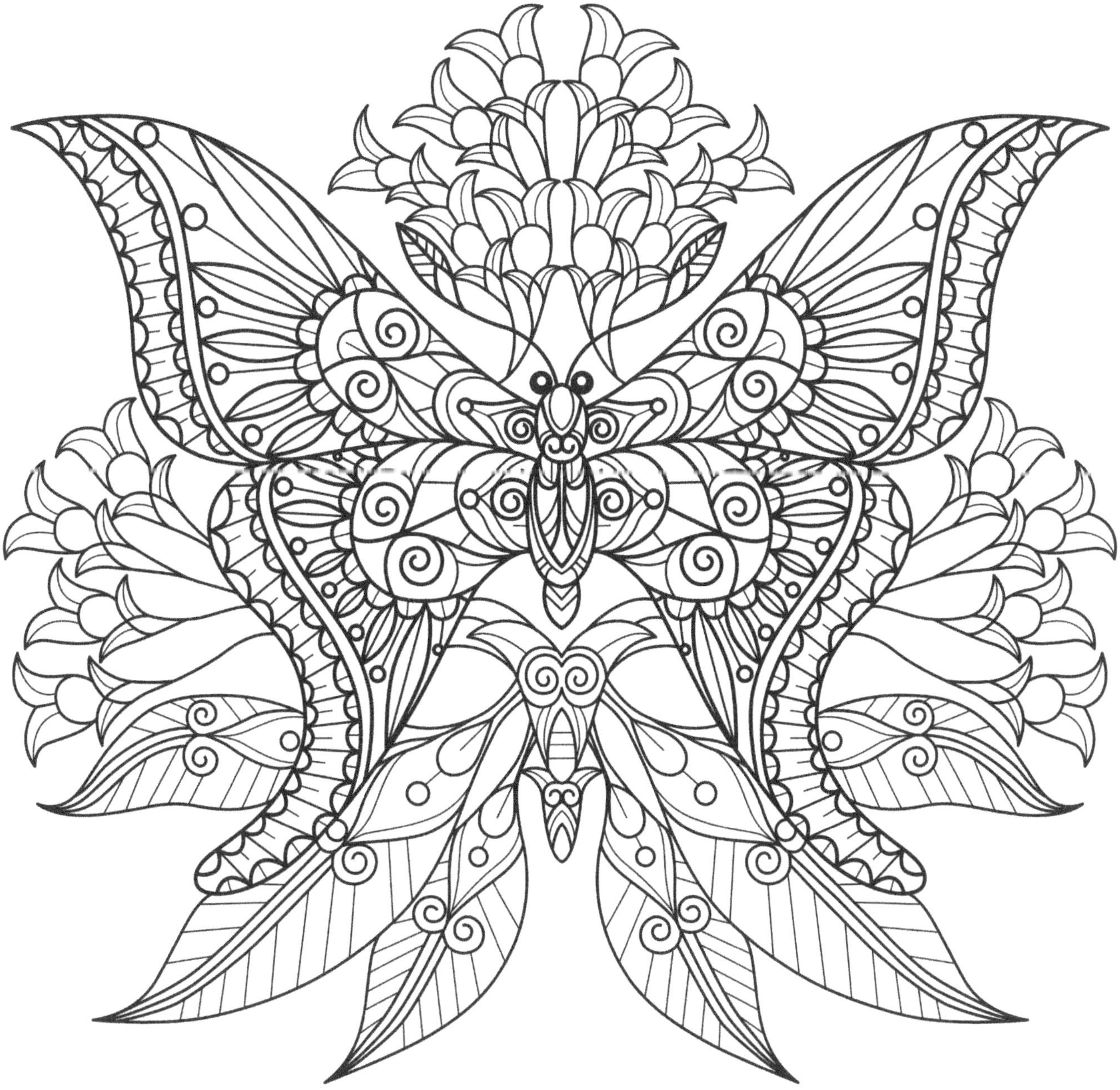

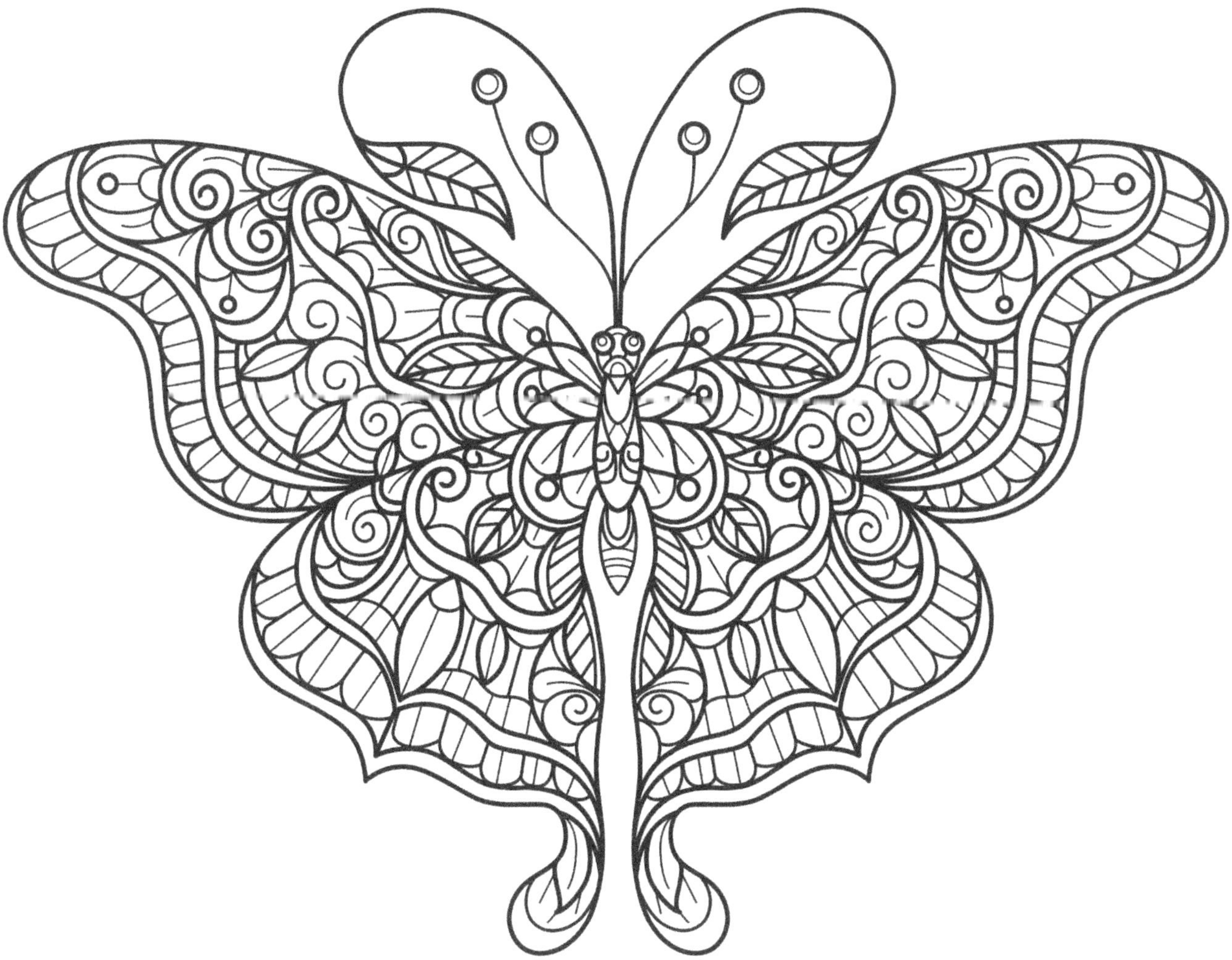

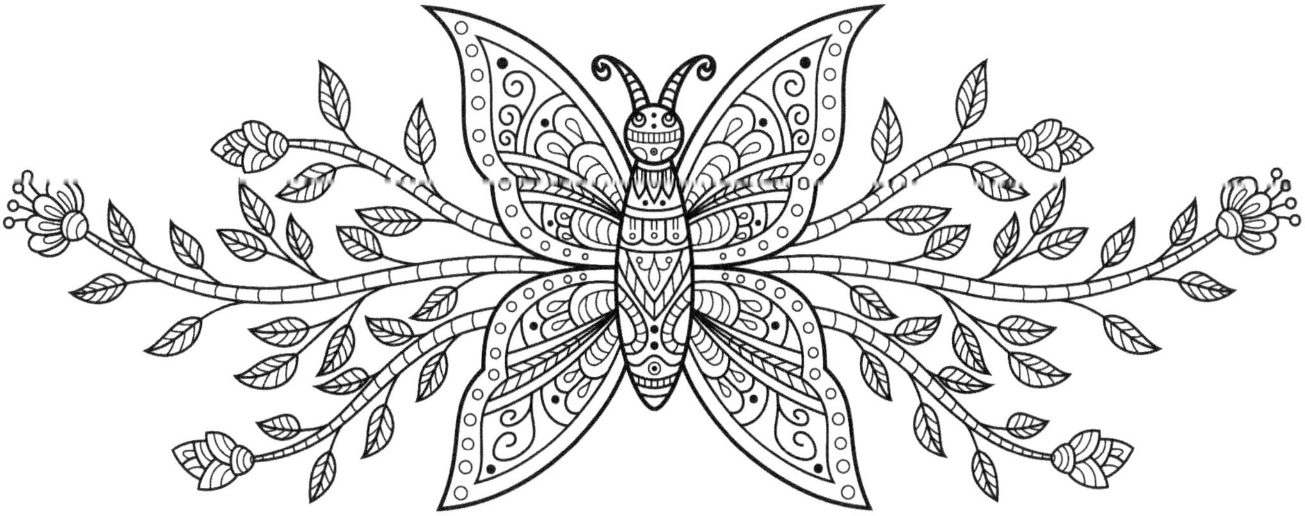

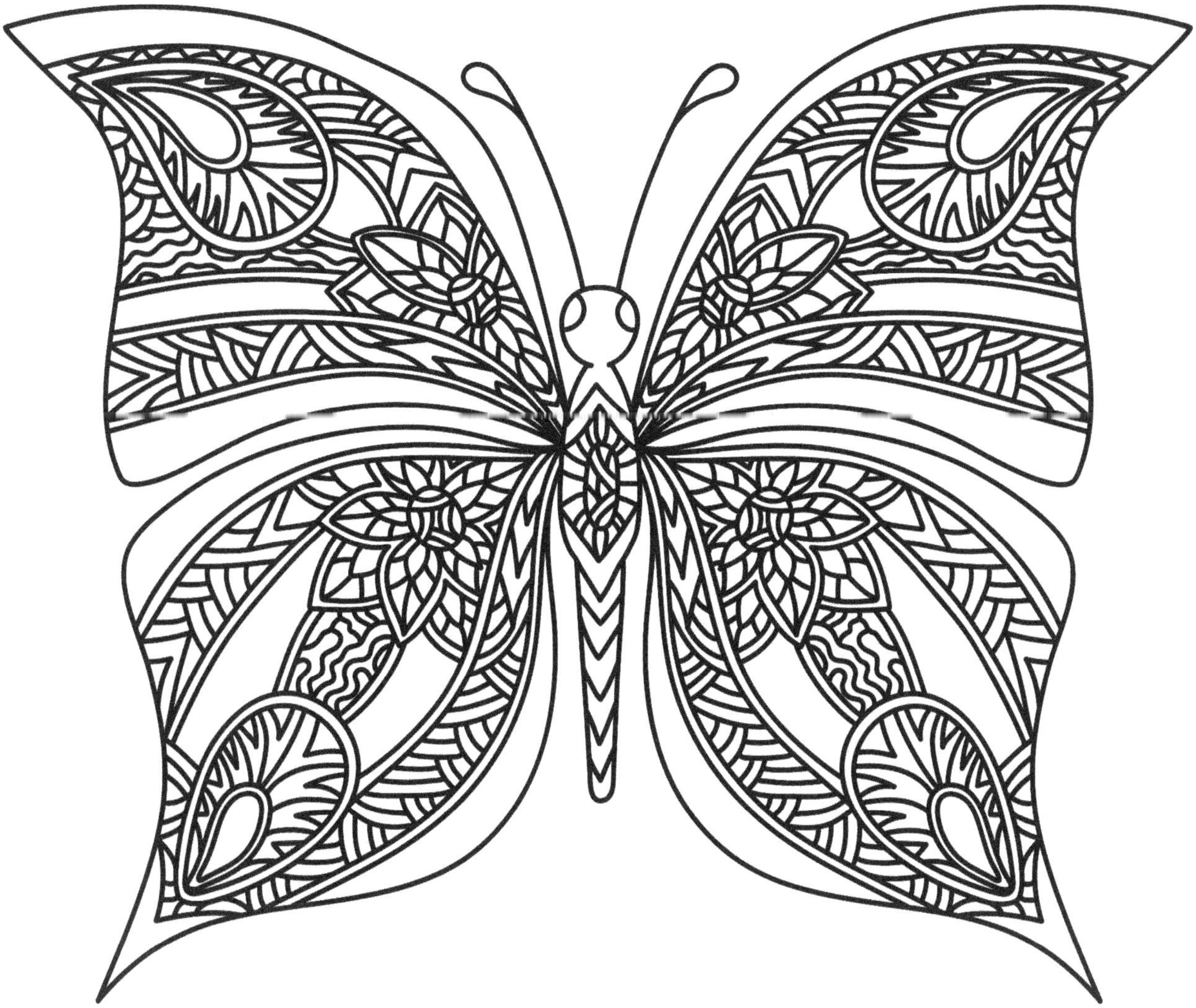

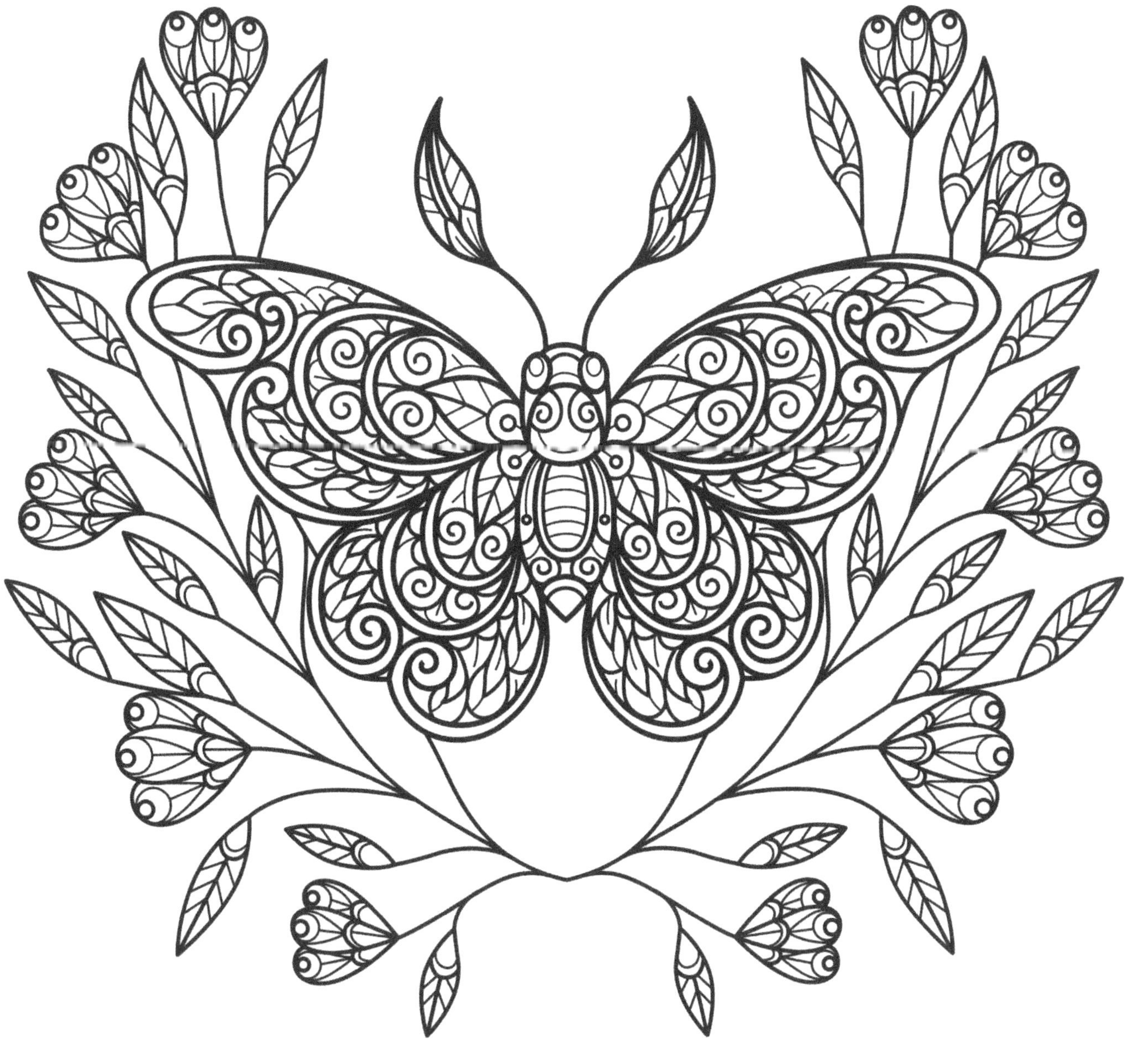

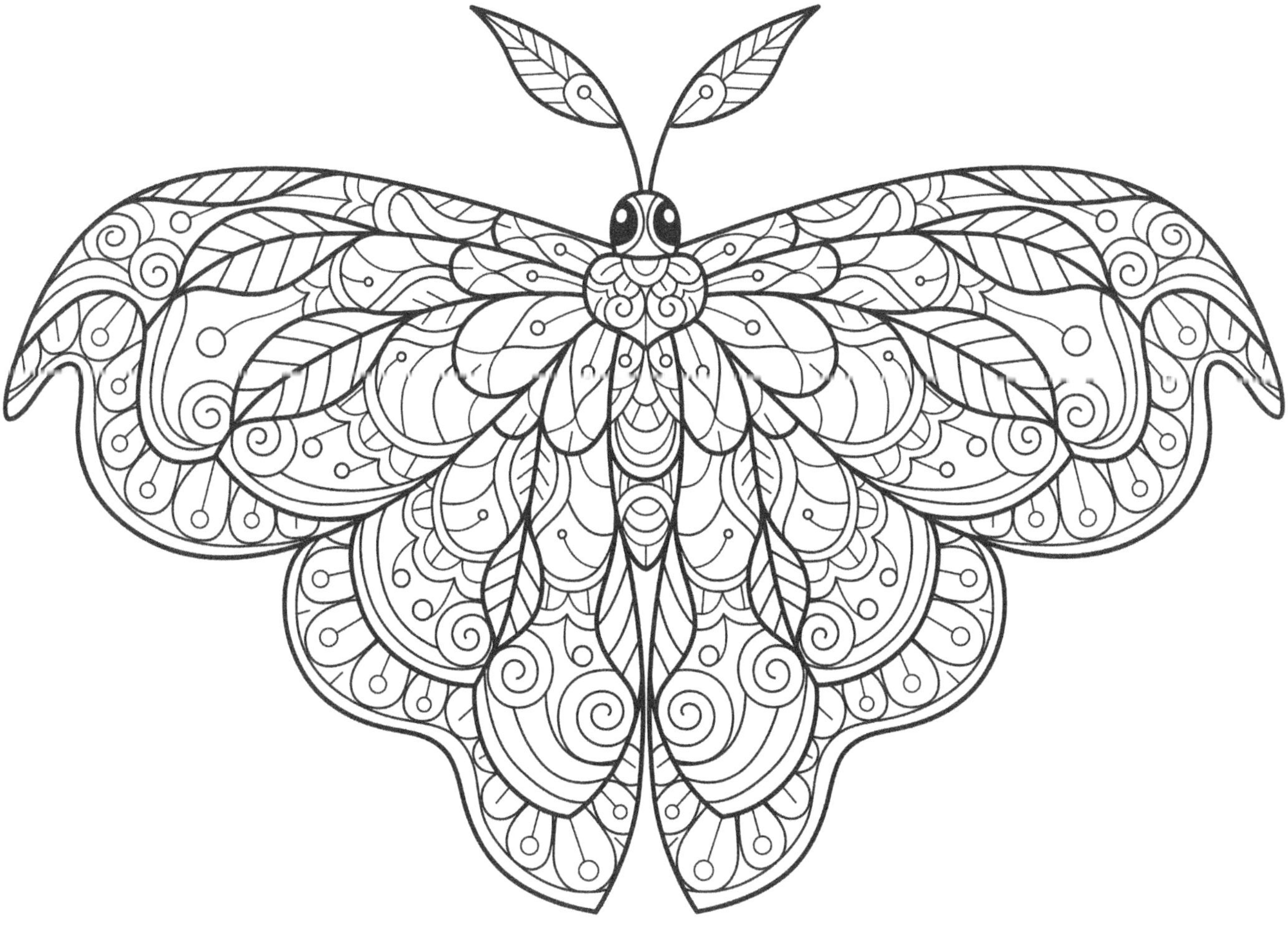

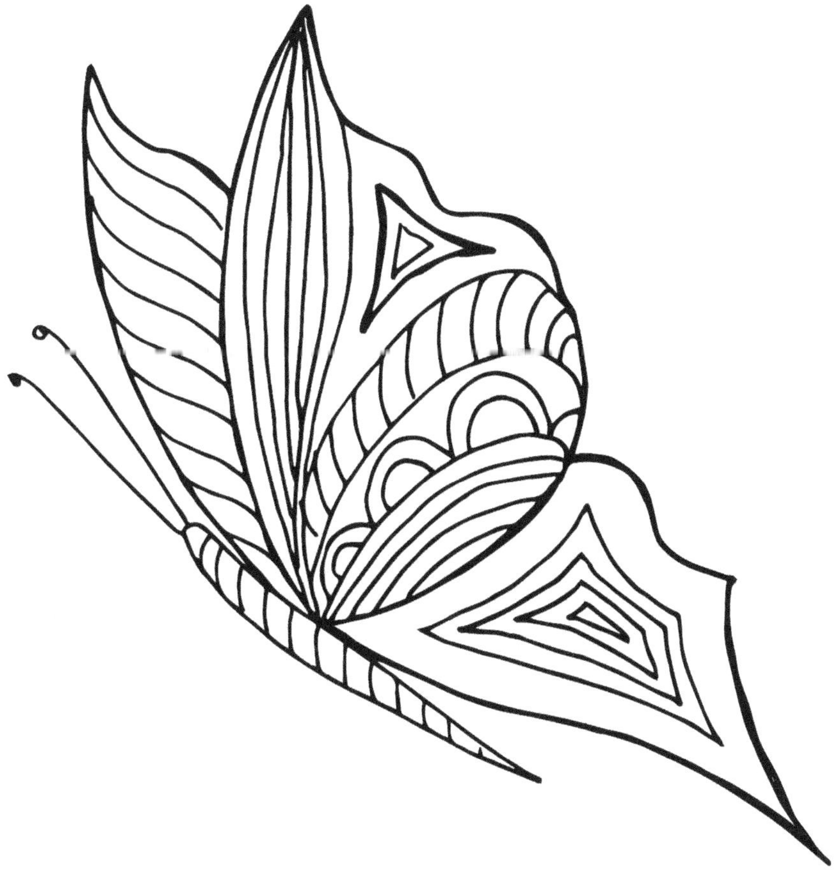

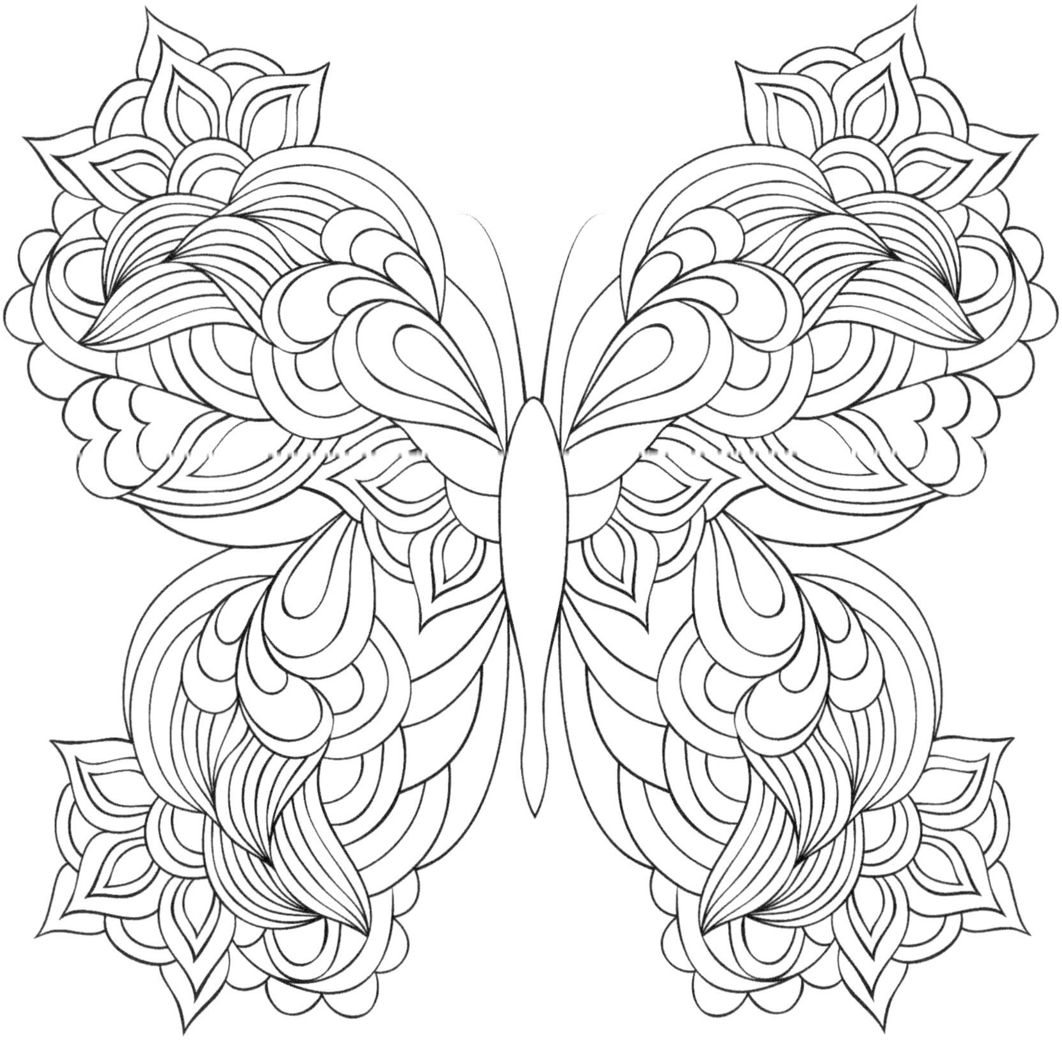

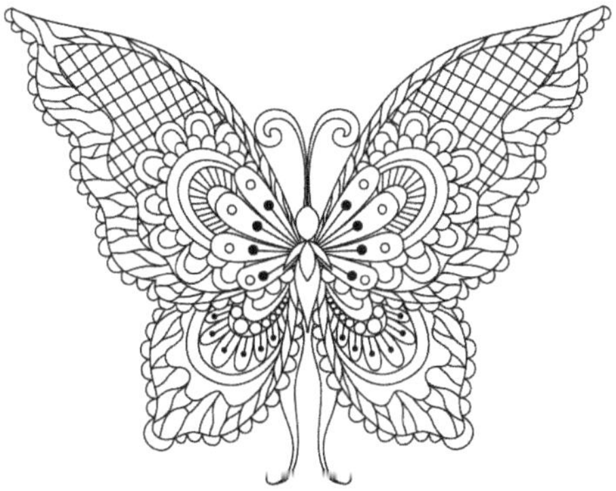
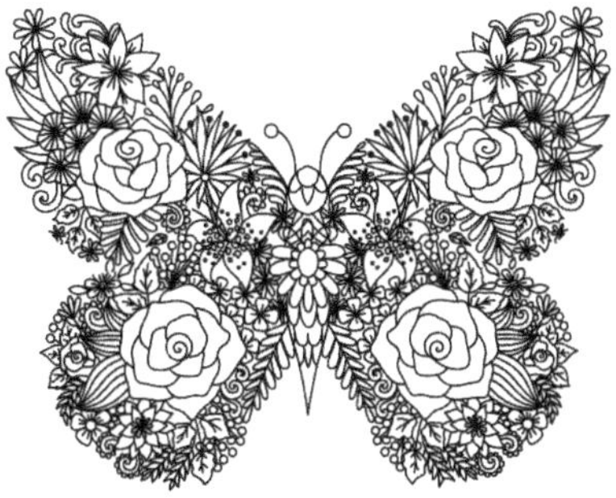
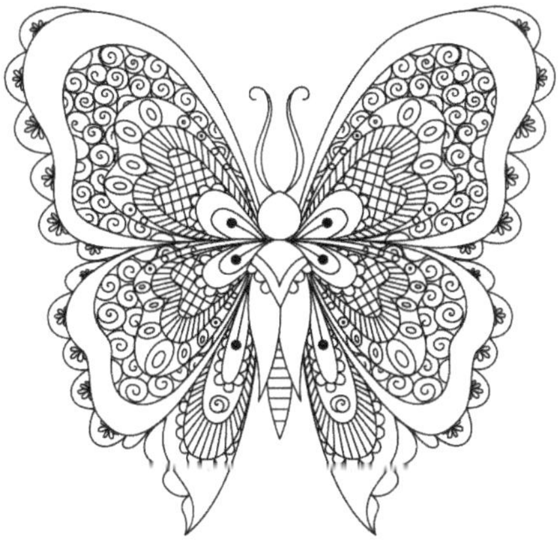
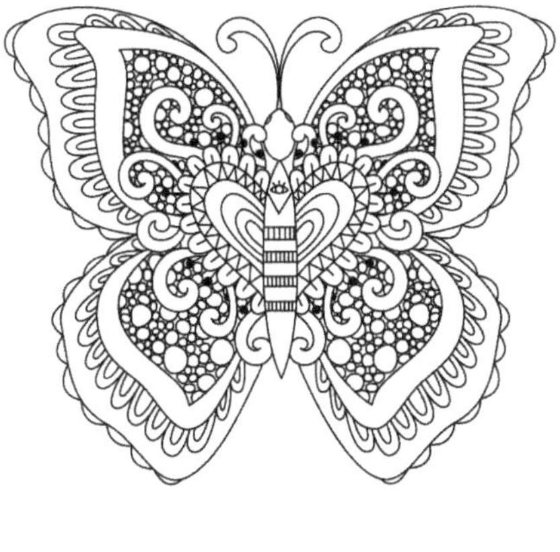
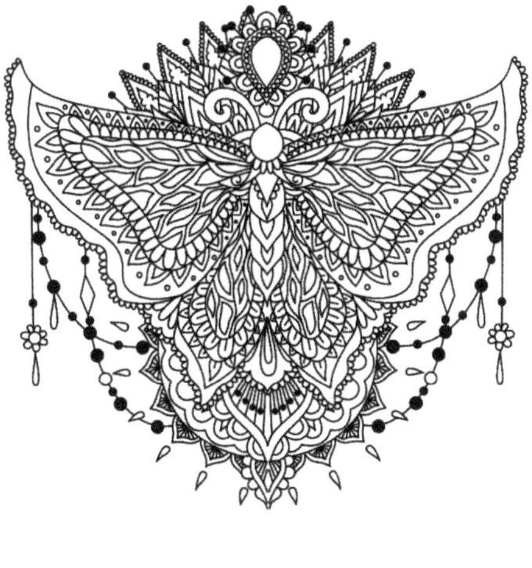
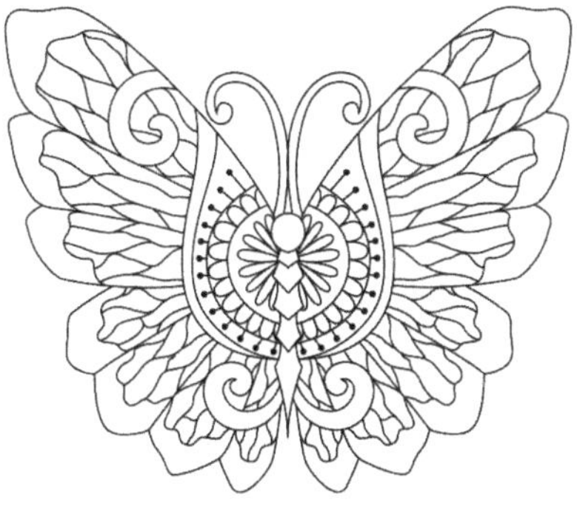

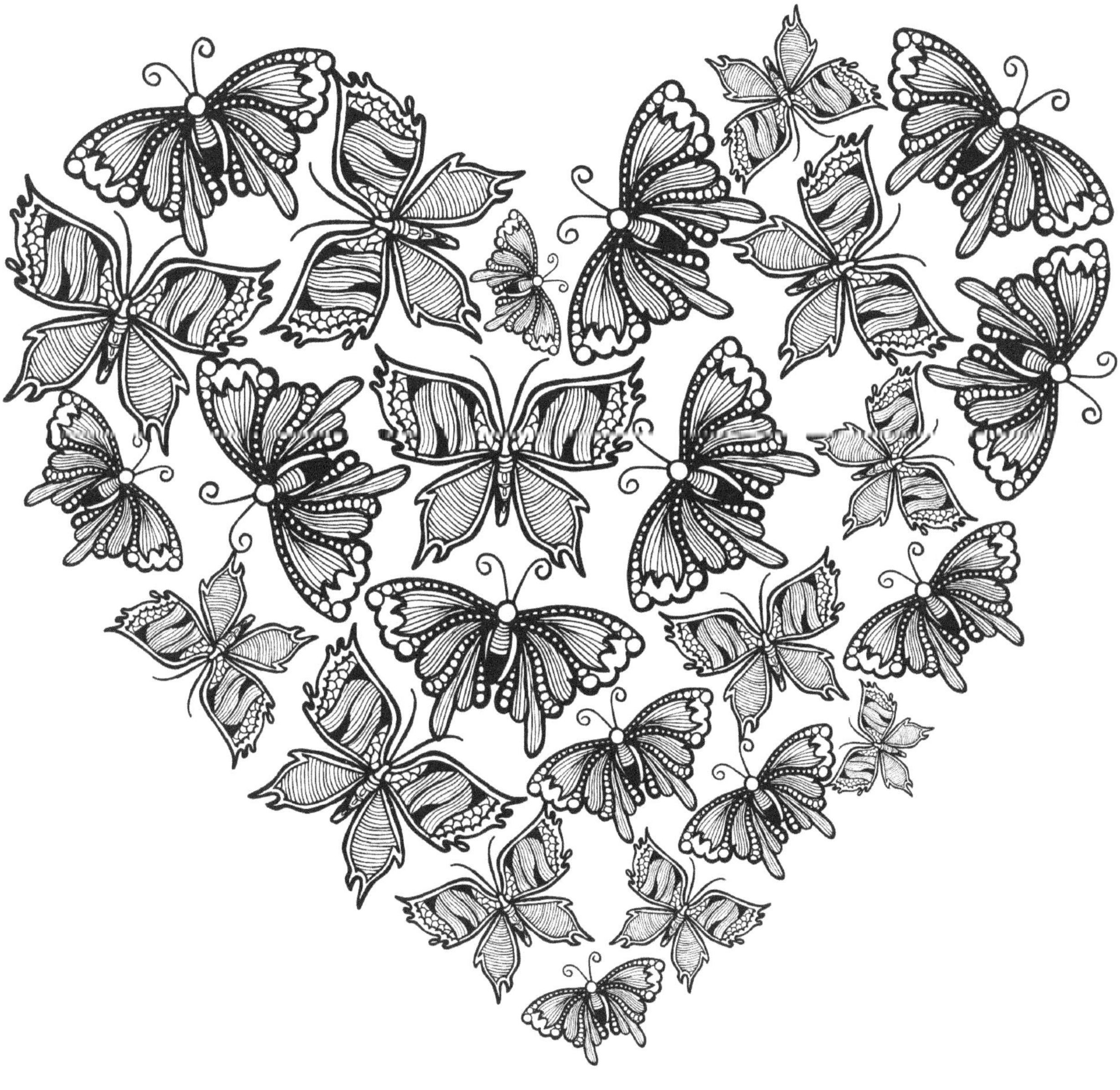

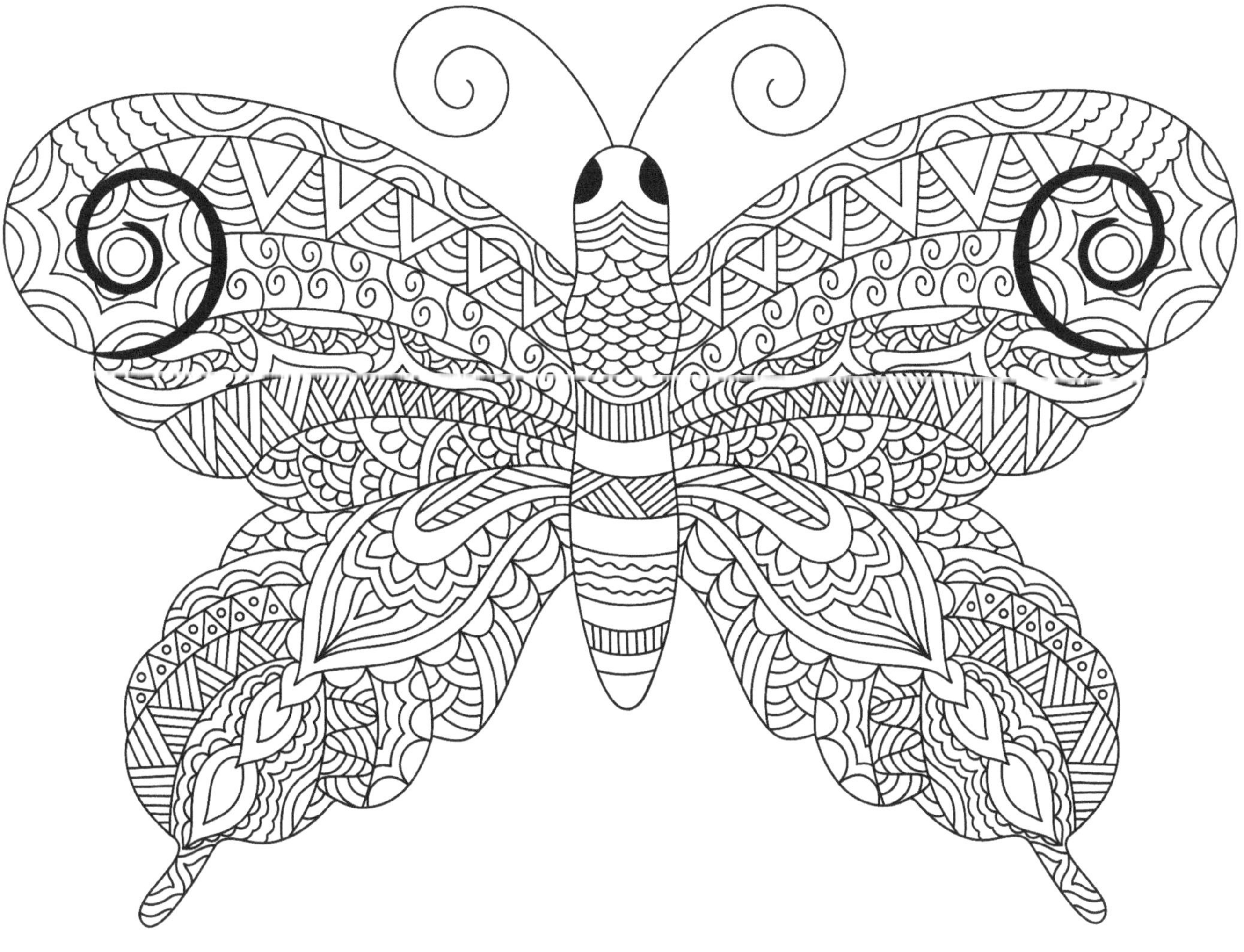

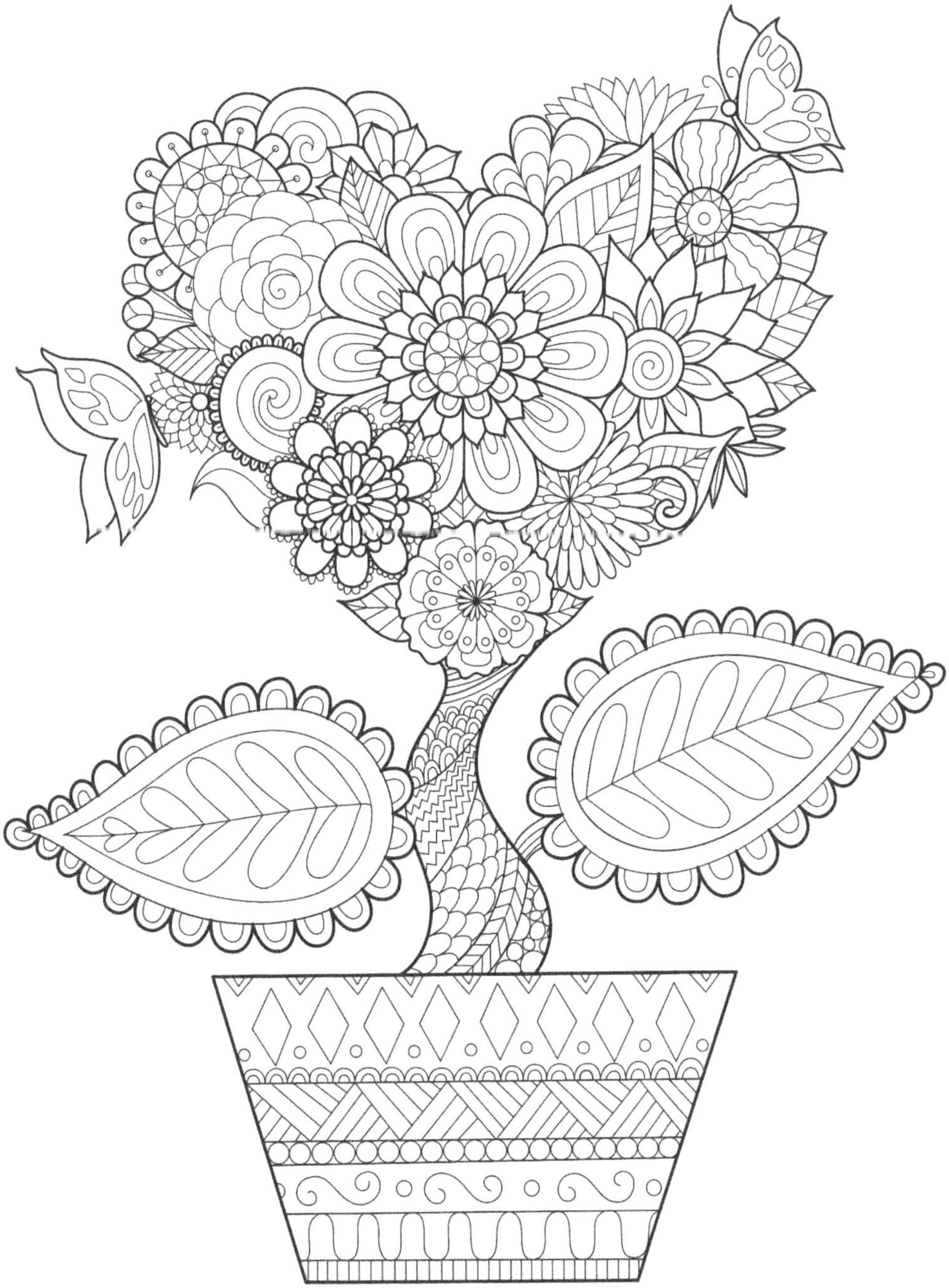

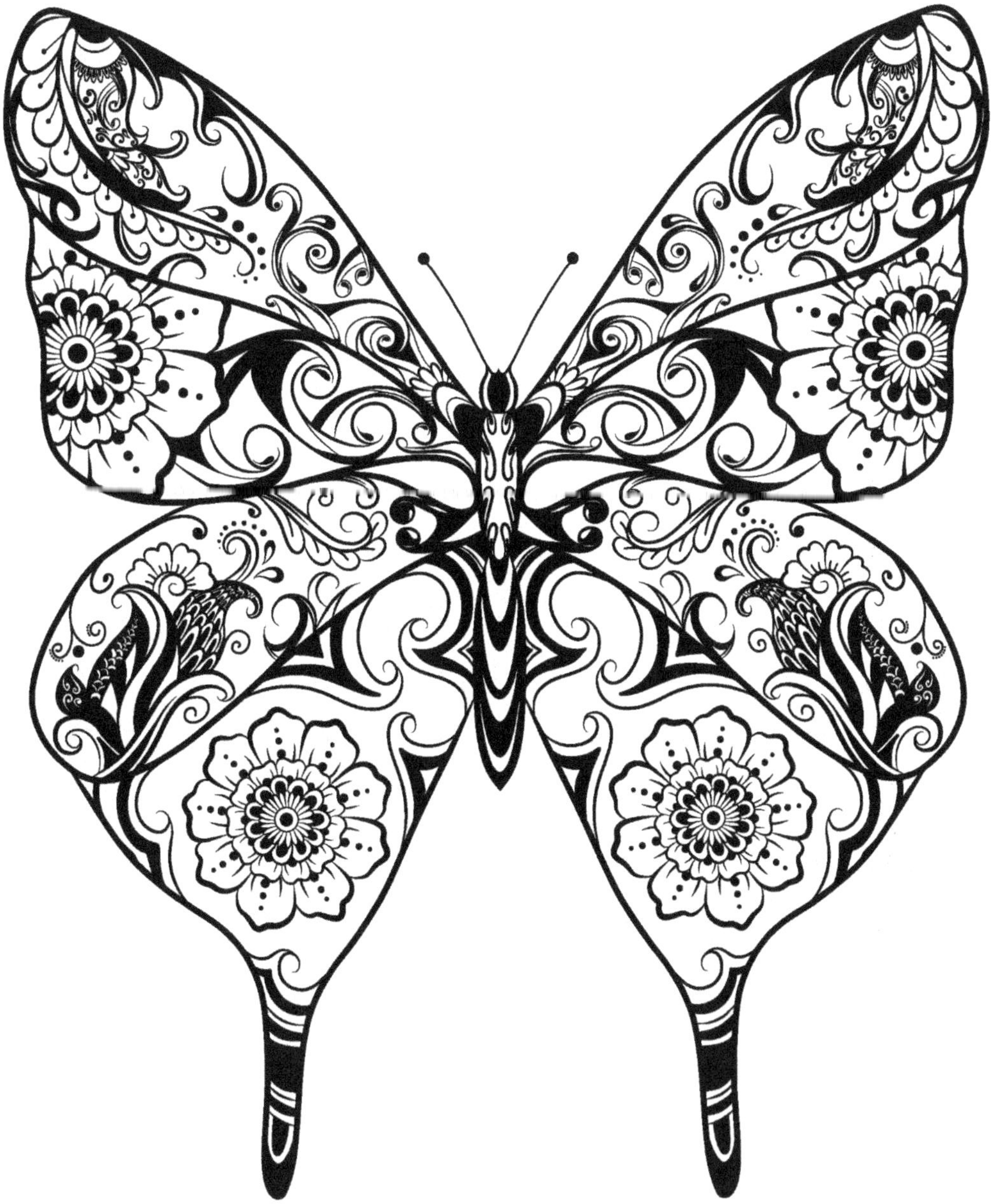

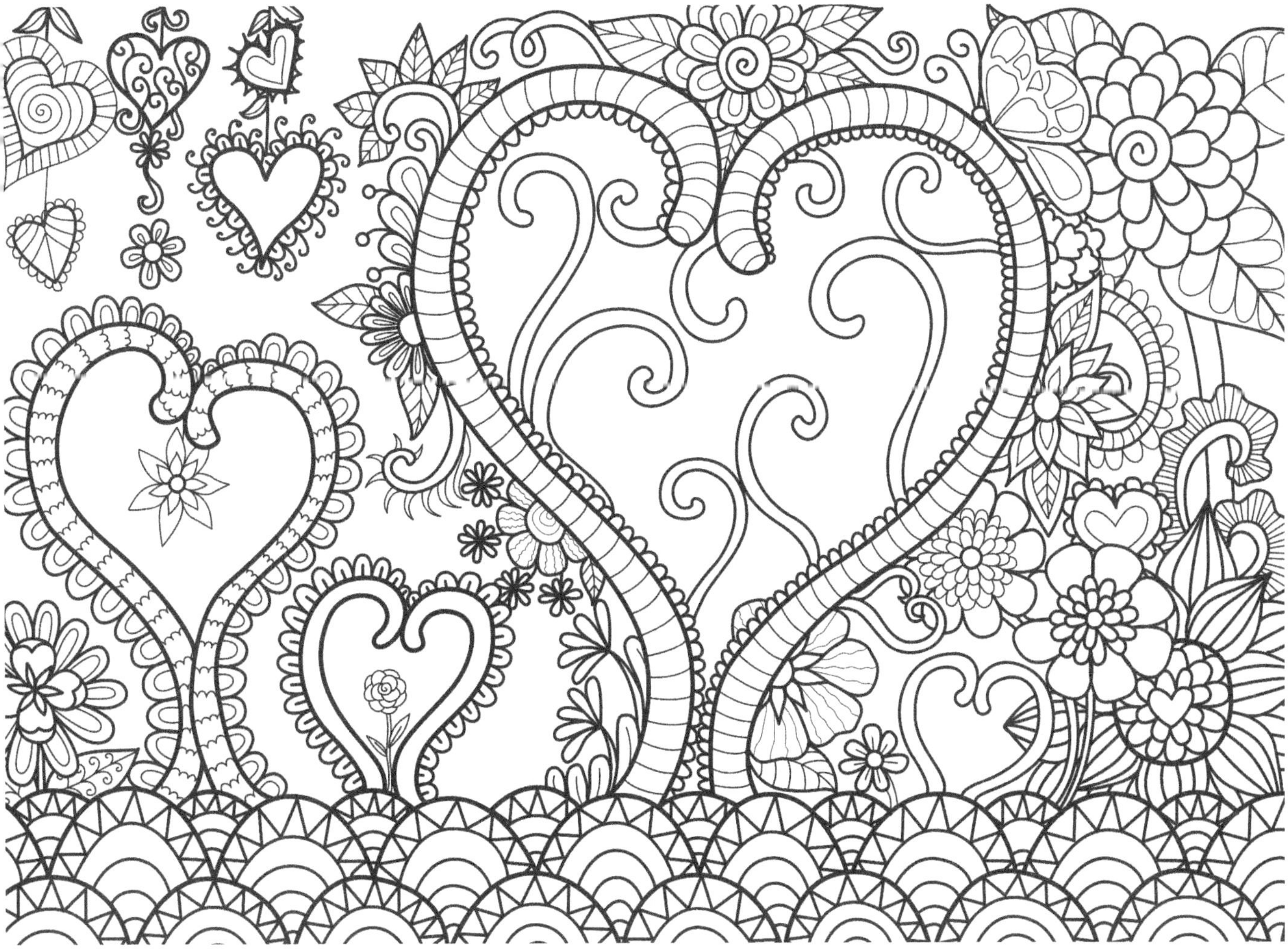

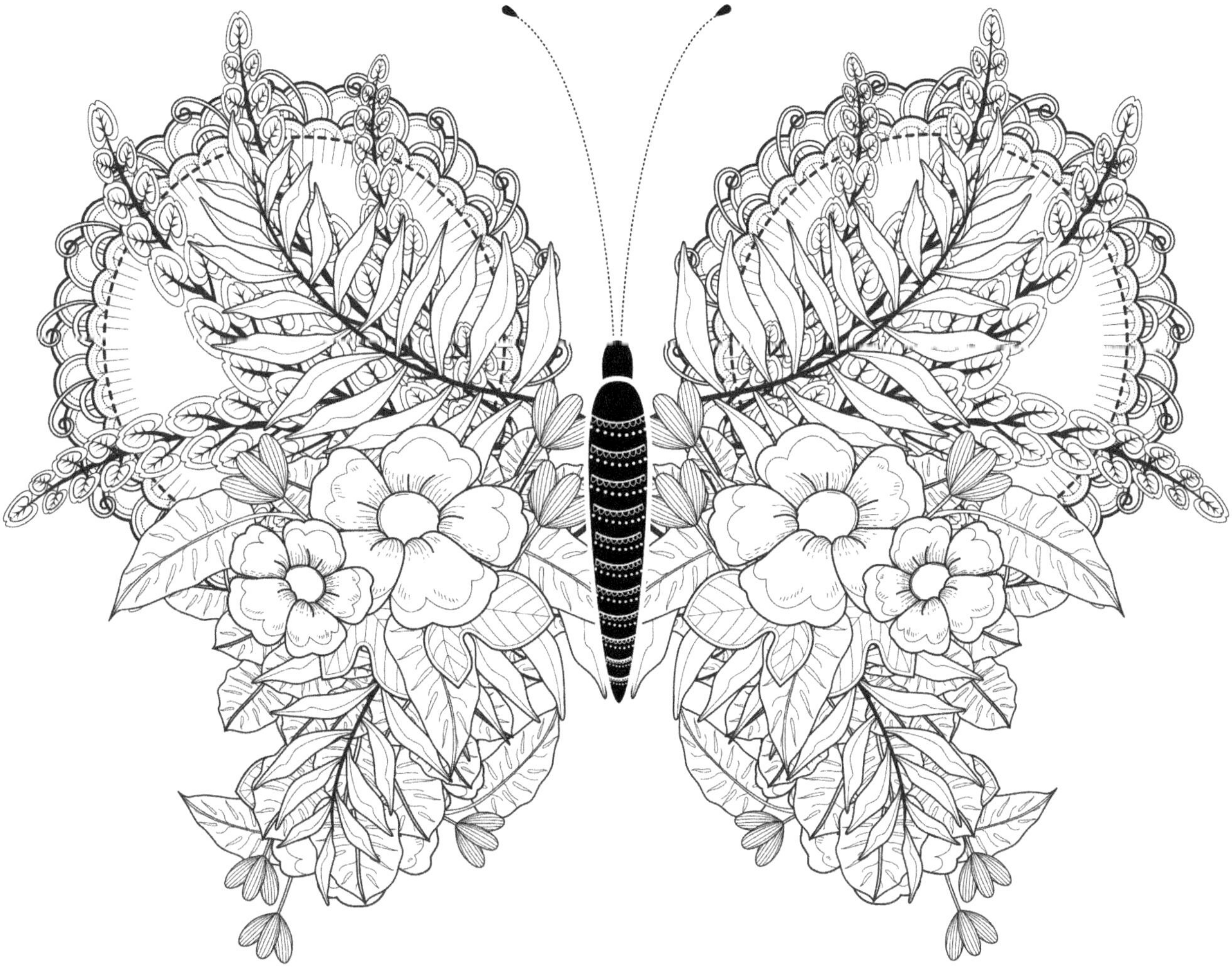

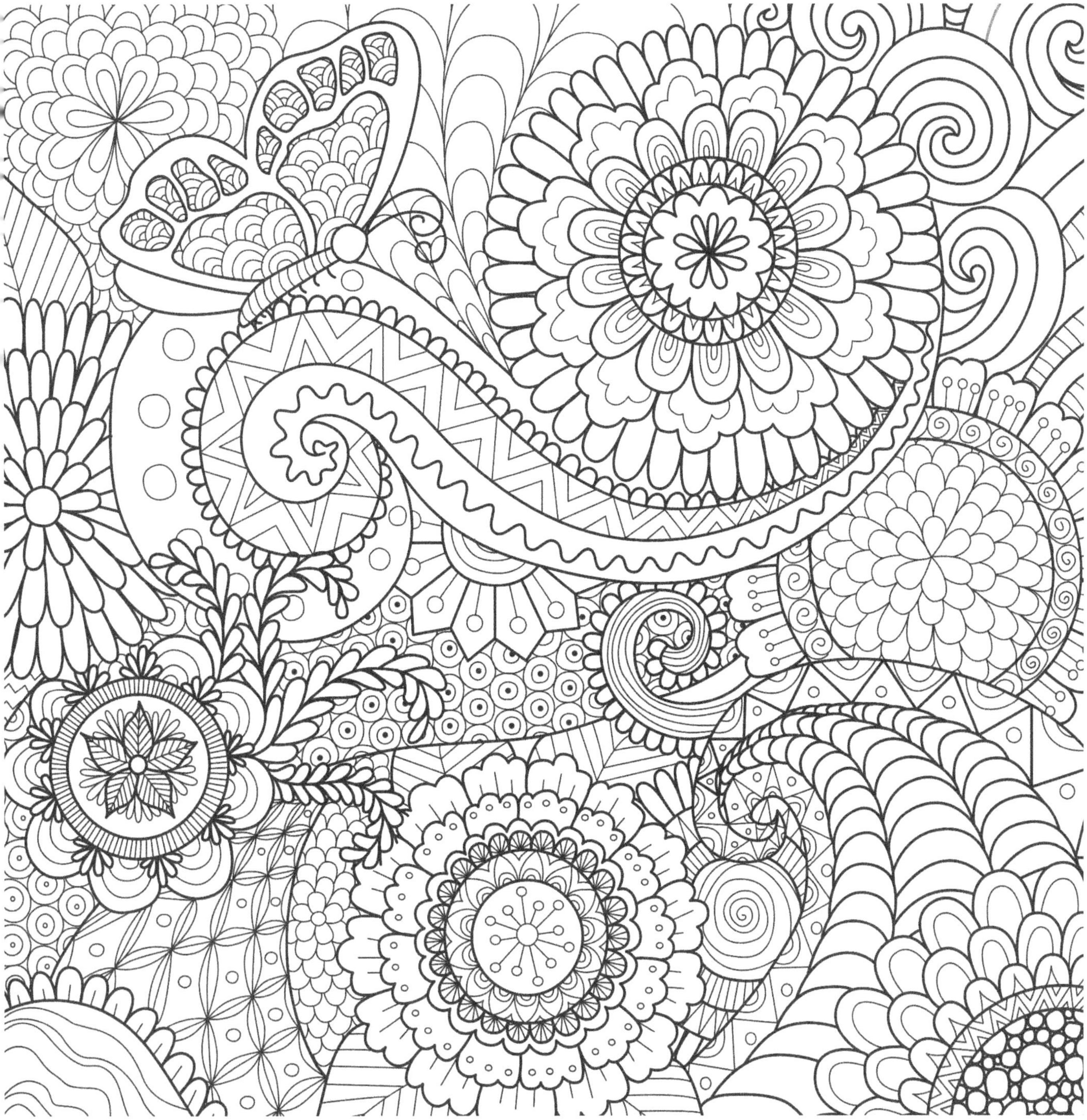

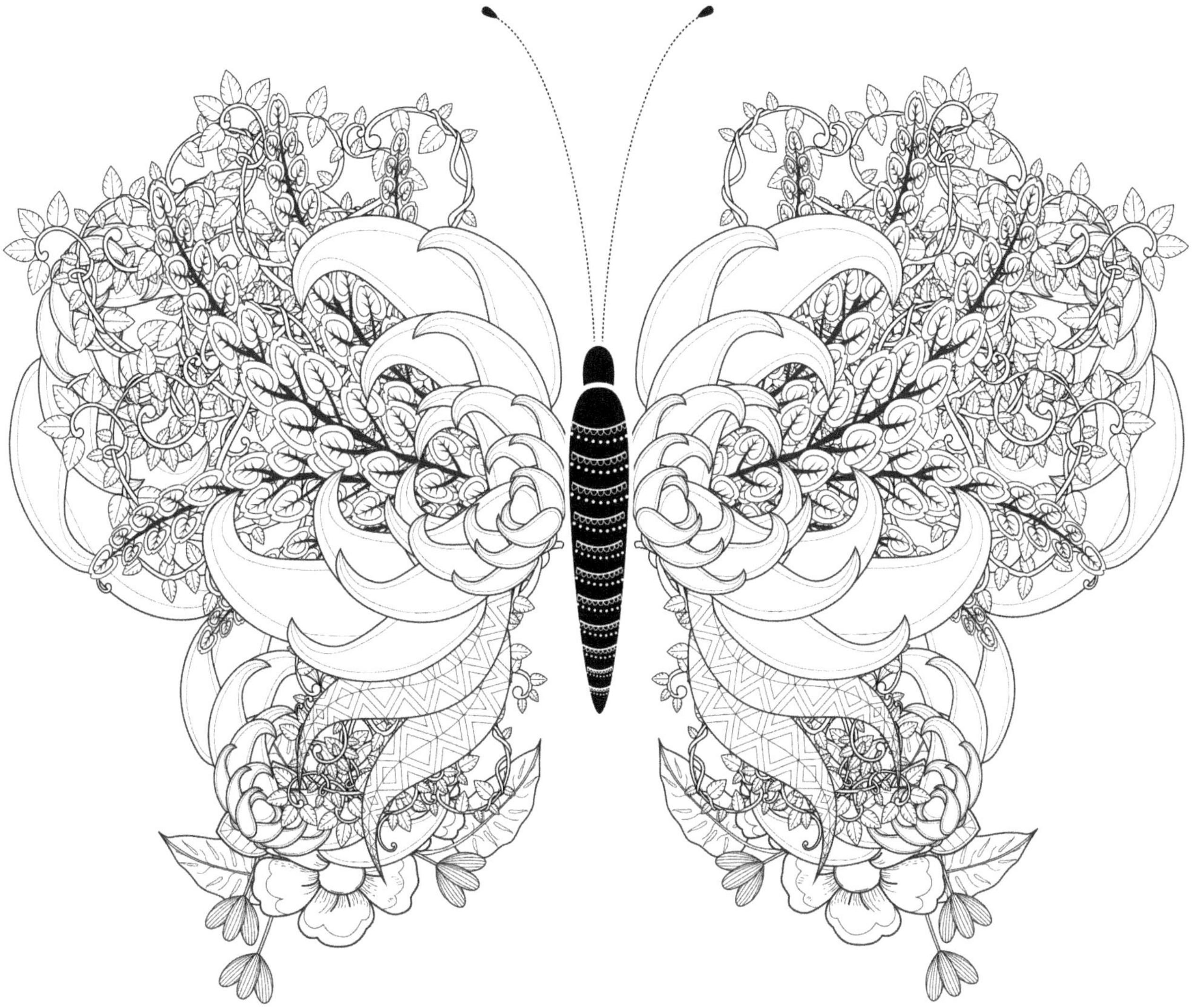

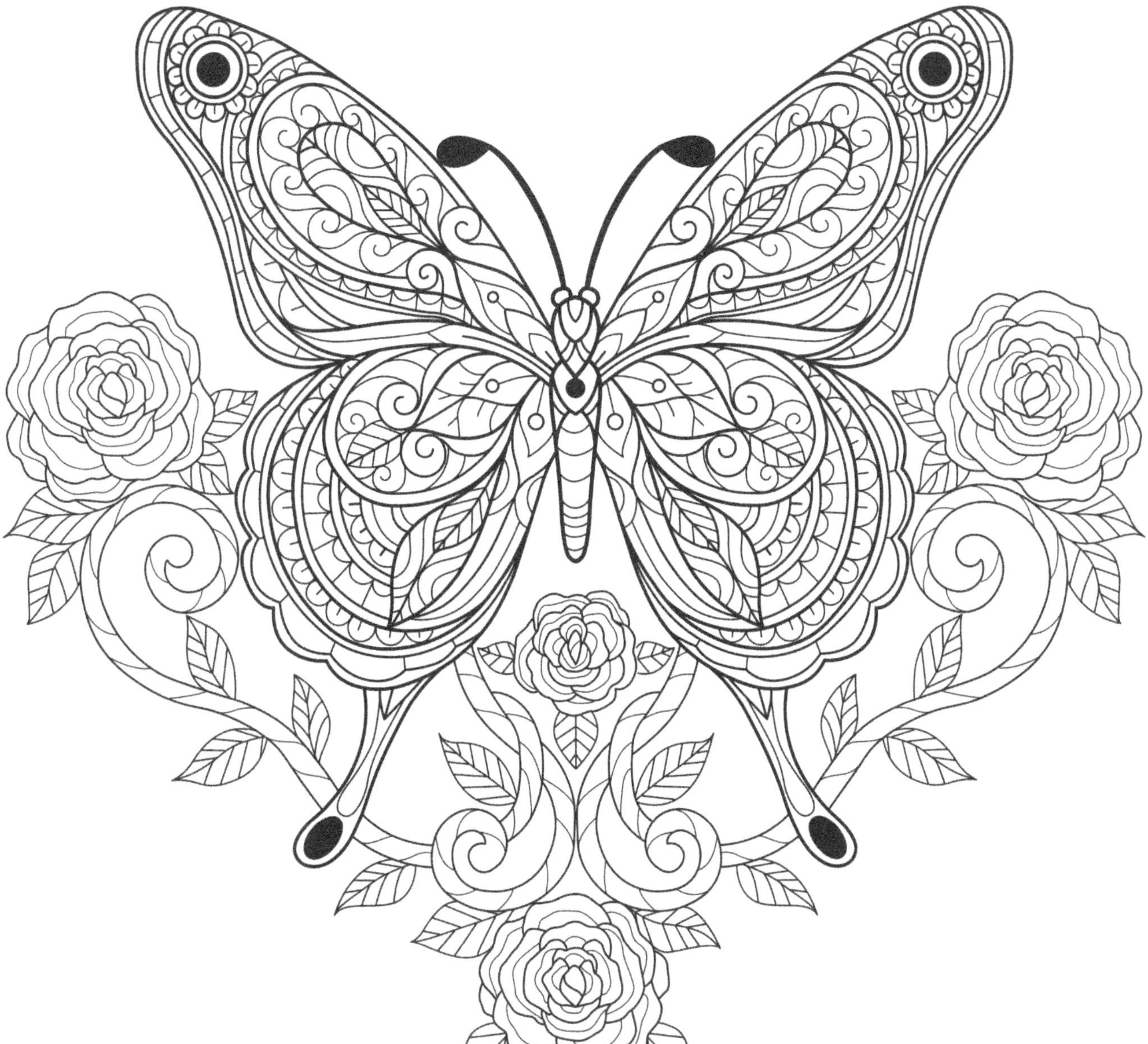

CPSIA information can be obtained
at www.ICGtesting.com
Printed in the USA
BVHW021231110423
662129BV00008B/609